HISTOIRE
DE
NOTRE-DAME PANETIERE

VÉNÉRÉE DANS L'ÉGLISE

DE

Saint-Pierre

D'AIRE-SUR-LA-LYS

Diocèse d'Arras

AIRE

GUILLEMIN, IMPRIMEUR-LIBRAIRE,

Rue de Saint-Omer, 41

—

1886

NOTRE-DAME PANETIÈRE

HISTOIRE

DE

NOTRE-DAME PANETIÈRE

VÉNÉRÉE DANS L'ÉGLISE

DE

Saint-Pierre

D'AIRE-SUR-LA-LYS

Diocèse d'Arras

AIRE
GUILLEMIN, IMPRIMEUR-LIBRAIRE,
Rue de Saint-Omer, 41

1886

Imprimatur:

DES. JOS. EPISC. ATREB.

Atreb. 3ᵃ April 1886.

Au très-vénérable

Monseigneur Edward SCOTT

des fidèles Seigneurs de la vieille Ecosse,
de l'illustre maison de Montmorency,

Prélat Romain,

Chanoine honoraire d'Arras, d'Evreux
et de Roseau (Antilles)

Curé-Doyen d'Aire-sur-la-Lys depuis 57 ans,

Chevalier de la Légion d'Honneur,

a mon ami toujours invariable
des bons jours et des mauvais :

Hommage affectueux.

E. Van Drival,
Chanoine d'Arras, né a Aire.

HISTOIRE

DE

NOTRE-DAME PANETIERE

CHAPITRE 1er

Origine de la Ville d'Aire et de l'Église où se trouve la statue de Notre-Dame Panetière.

La situation de la Ville d'Aire a toujours offert des avantages de défense facile et a provoqué de bonne heure des établissements que les Romains semblent avoir eux-mêmes formés lorsqu'ils étaient maîtres de la Gaule.

Ce qui est certain, c'est qu'un chef franc, Liederick de Buch, à qui Clotaire avait donné en 621 le titre héréditaire de Grand Forestier de Flandre, fut frappé de ces bonnes conditions qu'offrait surtout un grand emplacement situé dans l'angle formé par le confluent de la Lys et de la Laquette grossie du Madick, et il y construisit un grand château avec dépendances nombreuses et une chapelle, ou plutôt une Église sous le vocable de St-Jacques, où il établit sa sépulture de famille. Toutes ces constructions se trouvaient placées depuis l'endroit où se trouvent les prisons jusqu'au Magasin au Tabac, en faisant le tour de l'Église actuelle de St-Pierre. On accédait à ce château-fort par un pont qui se nomme encore aujourd'hui *Pont du Castel*. De ce pont on pouvait se rendre au Bourg, qui se forma vite sous la protection du Fort, et un nom de rue nous indique encore aujourd'hui l'origine de cette seconde partie de la ville : c'est la *Rue du Bourg*.

Le siècle suivant, le VIIIe siècle, vint singulièrement ajouter à la prospérité de ce premier état de choses.

La dynastie mérovingienne des Rois des Francs avait été renversée, et Pépin, le nouveau Roi, avait fait enfermer le dernier descendant de Clovis dans le monastère de Sitiu, (aujourd'hui Saint-Omer). Il était assez naturel qu'un profond politique comme l'était Pépin prît ses précautions et ne s'en rapportât qu'à lui-même du soin de ses affaires. C'est une des raisons pour lesquelles il vint fixer dans le château de Liederick sa résidence ordinaire : de là il pouvait facilement surveiller son prisonnier et se tenir toujours au courant de ce qui se passait. Aire prit alors une assez grande importance, le château ne put que gagner au séjour du chef de la nouvelle dynastie et l'Eglise de St-Jacques prospérer.

La fille de Pépin, Giselle, plus connue dans le Pays sous le nom de Ste Isbergue (abrégé de Gislebergue) (1), continua de résider au château d'Aire après la mort de son père et sous le règne de son frère Charlemagne (2), et elle transforma une partie de ce château en communauté de religieuses, dont elle fut la supérieure. Et puis vinrent les terribles hommes du Nord, et après l'invasion de ces Normands, ici comme ailleurs tout fut à recommencer.

CHAPITRE II.

La Collégiale. — Fondation. Développements successifs. — Histoire sommaire.

Nous sommes au XIe siècle. Baudoin de Lille est comte de Flandre, et il favorise la ville d'Aire d'un intérêt tout particulier. Il reconstruit

---

(1) Voir la vie de Ste-Isbergue par M. le chanoine Van Drival.
(2) Voir l'histoire de Charlemagne d'après les documents contemporains par le même auteur.

l'Eglise de St-Jacques. Il fait plus encore : de concert avec sa femme, qui était fille de Robert roi de France, il la transforme en collégiale, qu'il compose de 14 canonicats, richement dotés. C'est cette fondation première qui garda jusqu'à la révolution le nom de *Chanoines des Quatorze*. 1059 — 1064.

En 1075, Philippe Ier, roi de France, et en 1119 le Pape Calixte II confirment l'institution de la collégiale.

En 1169, le comte de Flandre Philippe d'Alsace fondait 16 nouvelles prébendes, ce qui portait à 30 le nombre des canonicats. Robert, prévot de la collégiale et chancelier de Philippe d'Alsace, bien connu par ses dignités nombreuses, son immense influence et sa fin tragique, fondait aussi une prébende, celle dite de St-Venant, et Philippe d'Alsace en fondait encore 7 autres en 1190.

Alors le nombre des chanoines d'Aire fut de 38, et il demeura ainsi constitué jusqu'à la fin du XVIIIe siècle.

Les prébendes étaient de valeur inégale, et les Papes Honoré III et Grégoire IX tentèrent d'établir l'égalité des revenus, mais sans y réussir.

En dehors de ces 38 prébendes, dont les plus

importantes étaient celles des 14, il y eut des fondations de chapelles. Les chapellenies s'élevaient au nombre de 22.

Le personnel complet de la collégiale était considérable.

Il y avait d'abord 38 chanoines, puis 22 chapelains, puis des vicaires, puis des prêtres habitués. Il y avait d'ailleurs des serviteurs du chapitre : massier, coustre, clercs de paroisse et autres agents subalternes. Une maîtrise d'enfants de chœur fut établie de bonne heure, plus tard on affecta à l'entretien de cette maîtrise l'une des prébendes, celle de Cappellebrouck. La maîtrise eut aussi d'autres revenus.

Pour l'administration du chapitre et des choses du chapitre, il y avait un Prévôt, un Doyen, un Chantre, un Ecolâtre et un Trésorier.

La liste des prévôts, de 1104 à 1775, nous offre plusieurs noms historiques. Il s'en trouve aussi plusieurs dans celles des autres dignités ou fonctions ; citons seulement, comme un nom encore connu à Aire et en Belgique, le chanoine Charles, qui, au dernier siècle fut longtemps trésorier, député aux Etats d'Artois, homme très studieux et fort consulté.

La collégiale n'avait pas gardé le nom primitif de St-Jacques : elle avait pris le vocable de St-Pierre, qu'elle conserve encore.

A toutes les époques, le chapitre s'occupa beaucoup de l'instruction dans ses divers degrés; toujours il se préoccupa des intérêts de la ville, et sa conduite fut digne et généreuse dans les circonstances assez souvent graves et tristes, qui marquent l'histoire mouvementée de la ville d'Aire.

Nous donnerons plus loin une idée de l'Eglise de St-Pierre comme édifice, et nous dirons ses vicissitudes : visitons d'abord la chapelle de Notre-Dame Panetière, objet spécial de la présente notice.

CHAPITRE III.

Chapelle de Notre-Dame Panetière.
Premiers temps de la Confrérie.

La chapelle de Notre-Dame Panetière est une des 22 dont nous venons de parler. Tel fut de bonne heure son nom. Elle est située au chevet de l'Église, non pas au centre même de l'abside, mais à droite en marchant vers le fond, à la gauche liturgique du Crucifix central, ou du côté de l'Epitre. Au reste, elle est facilement reconnaissable. Elle a encore sa balustrade de marbre avec ses devises, avec sa statuette, son canon historique, toutes choses qui datent de la reconstruction après un siége et dont nous parlerons tout-à-l'heure.

Cette chapelle était le siège d'une confrérie, ou mieux d'une *Charité*, comme on disait jadis. Les Charités furent surtout établies en Artois au XIIe siècle. La guerre avait causé beaucoup de misère et de maladies contagieuses, une réaction énergique s'opéra, celle de la charité ; là où avait abondé le mal, le bien abonda et la paix fut rendue aux hommes de bonne volonté. S'unir, mettre en commun ses ressources et en chercher partout, afin de venir au secours des pauvres, le tout sous la protection de la Sainte-Vierge, tel fut le moyen employé pour réparer le mal. C'est la charité qui guérissait les malades et nourrissait ceux qui manquaient de tout : « J'ai eu faim et vous m'avez donné à manger, » disait le Sauveur : « ce que vous avez fait à l'un de ces pauvres, c'est à moi que vous l'avez fait. » Soulager Jésus-Christ lui-même dans la personne des pauvres, et faire cela au nom et en la compagnie de la Mère de Jésus, n'était-ce pas une raison pour donner à la Sainte-Vierge, qui distribuait le pain avec ses charitables, le nom même de *Panetière*, puisqu'eux étaient, avec elle et en toute familiarité des enfants avec leur mère, les *Panetiers* des pauvres? Cette touchante familiarité, si pieuse, si chrétienne, exista dès l'origine de la confrérie, et déjà dès 1309 on donnait à la patronne le qualificatif qui désigne les membres de la Charité avec lesquels elle agit et distribue les pains : c'est Notre-Dame, sans doute, mais dans l'acte spécial de distribuer les pains avec ses panetiers : donc Notre-Dame-la-Panetière, et ainsi elle s'appelle dès les commencements de la fondation.

Quand eut lieu cette fondation, on ne le sait pas d'une manière précise, écrite, mais on peut l'indiquer d'une manière absolument vraisemblable.

En 1226 elle existait, puisqu'un chanoine d'Aire donne à la confrérie une rente annuelle (1). Donc elle fut fondée *antérieurement*, sans doute en ce 12e siècle qui vit également s'établir d'autres Charités en Artois, notamment celle de Notre-Dame-des-Ardents à Arras.

La confrérie s'accrut et travailla à son œuvre sainte avec une ardeur constante. Les trois premiers siècles de son existence nous offrent dans leurs comptes diverses mentions à ce sujet. Ils nous indiquent aussi les donations

---

(1) Rente de deux chapons, monnaie. Voir la notice de M. Rouyer.

qui venaient de temps en temps s'ajouter aux cotisations des membres (1). L'œuvre de charité s'accomplissait d'ailleurs avec piété, avec calme, sans bruit : on ne songeait pas à en parler beaucoup parce qu'il n'y avait pas alors d'évènements extraordinaires ; les temps heureux n'ont pas d'histoire.

L'autorité ecclésiastique favorisait toujours cette œuvre sainte. On compte jusqu'à onze approbations et privilèges d'archevêques et évêques, une entre autres « de révérend père en Dieu Engeram, évesque de Terwanne, selée « de son seel en chire verde, datte de l'an mil « IIIe. XXI. des indulgences et pardons à tous « ceulx qui visetront le cappelle et carité de N^{re} « Dame. »

CHAPITRE IV.
La nouvelle statue de N.-D. Panetière. Travaux de la Chapelle. — Grande prospérité de la Confrérie.

L'image de Notre-Dame Panetière fut longtemps, comme c'était autrefois l'usage

---

(1) Ces indications se trouvent dans la notice de M. J. Rouyer et dans l'histoire de la Collégiale de St-Pierre du même auteur.

général, une Vierge-Mère, et on ornait cette image de bijoux et de vêtements « de drap de « damas, de couleur sanguine claire, parsemé « de feuilles d'or. »

Vers la fin du XVe siècle on prit la résolution de se procurer une statue plus belle, et en rapport avec le vocable principal de la confrérie, l'assomption de la Ste-Vierge. Ceci était décidé en 1496.

Peu de temps après on avait cette statue, œuvre d'art remarquable, et qui est celle que l'on vénère encore aujourd'hui. « Cette image, « disent les notes anciennes, est de la grandeur « d'un homme, au naturel, taillée en bois, fort « bien, et entièrement dorée d'or poli, une « couronne sur la tête, avec les mains rapprochées « (non jointes), accostée de petits anges de taille « tout dorés, dont les uns élèvent la vierge au « ciel, et les autres s'en réjouissent avec des « instruments musicaux. »

Nous avons encore la quittance du peintre Derycq de Berle, qui a décoré cette statue(1), qui ne vient pas du tout de Térouanne, comme on l'a dit, mais qui a été faite pour le compte de la Confrérie. Cet acte est du 23 Août 1510.

---

(1) Voir la notice de M. Rouyer page 4.

Avant cela on avait fait des travaux considébles à la chapelle.

Comme le Chapitre reconstruisait son Eglise, il demanda à la Confrérie de lui venir en aide, et elle l'aida en effet à la reconstruction du chœur en 1496 (1). Puis elle prit et accepta « pour la chapelle de ladite Confrérie, la chapelle qui est au nouvel ouvrage de l'église St-Pierre, derrière le chœur, auprès de la chapelle de Simon Coquelle. » Ce que le chapitre donnait, c'était cinq pans de murs élevés à hauteur de voûtes. En moins d'une année, la Confrérie eut fait la charpente, la toiture d'ardoises et de plomb et la toiture de tuiles de la nef, ou carolle, correspondante. Puis on s'occupa des verrières. Puis vint l'autel, ensuite une clôture en menuiserie, à laquelle succéda 24 ans après une clôture en cuivre. En 1501 on établit le pavé en pierres de Marquise ; enfin on a un nouveau tabernacle et on installe la nouvelle statue dans tout l'éclat de la belle décoration dont elle est fraichement ornée.

En 1594 la Confrérie de Notre-Dame Panetière fut enrichie de grandes indulgences par le

---

(1) Ouvrage de M. Morand sur l'Eglise St-Pierre d'Aire. Esquisse Scénographique, etc. in-folio avec planches.

3.

Souverain-Pontife Clément VIII.

La Charité N.-D. Panetière était, on le voit, dans un grand état de prospérité. Elle était même riche, puisqu'elle prenait à son compte tant de travaux coûteux, tout en s'acquittant avec zèle de ses œuvres habituelles. C'est que les recrues étaient nombreuses, c'est que le nombre des confrères augmentait de jour en jour.

Malheureusement une triste période va s'ouvrir, celle des sièges de la ville d'Aire, celle des fléaux, et l'histoire va cesser d'être la reproduction continue des mêmes faits, pour prendre le caractère dramatique des évènements terribles.

CHAPITRE V.

Les sièges de 1641. — Grandes supplications. — Evènements nombreux.

Le commencement du XVIIe siècle avait vu s'accroître la dévotion envers Notre-Dame Panetière. Peu d'années avant le premier siège de 1641, on avait même entendu le P. Vincart, dans ses prédications ardentes et convaincues, mettre la ville sous sa protection spéciale, et le magistrat et le peuple avaient vu cela avec grand plaisir.

Le 26 Mai 1641, huit jours après l'arrivée de l'armée assiégeante sous les murs d'Aire, on fit dans la ville une procession générale avec le Saint-Sacrement. Tous s'y trouvaient : les doyens, chanoines et officiers de la collégiale, le gouverneur, le magistrat, la noblesse, les bourgeois. Au retour de la procession, les clefs de la ville furent présentées au Saint-Sacrement au pied de son autel; elles furent aussi présentées à Notre-Dame, dont une seconde image apportée de Ruisseauville et réfugiée à Aire temporairement avec les religieux, partageait avec l'image principale les hommages des fidèles. « C'étoit chose rare, « dit le récit contemporain (1), de voir avec « quelle ferveur ce peuple fidèle et pieux « s'adressoit tous les jours au pied de cet autel « de miséricorde, et les vœux et prières qu'ils « firent à la mère de grâce pendant l'un et « l'autre siège, afin que la justice divine irritée « par nos offenses s'appésat par les interces- « sions de la sainte vierge sa mère. »

---

(1) Manuscrit provenant de l'ancien couvent des P.P. Capucins d'Aire, (N° 191 bis), publié dans le Bulletin historique des antiquaires de la Morinie, tome second, 1861.

Cependant le siége était mené avec une vigueur extrême et la ville en souffrait énormément : elle se défendait avec une bravoure qui força plus tard les éloges du vainqueur. La journée du 13 Juin fut surtout terrible pour l'Eglise de St-Pierre, et ce jour-là on vit la chapelle de Notre-Dame Panetière s'écrouler tout entière sous les projectiles du poids de 48 livres. La statue ne fut pas endommagée, la petite lampe de verre qui entretenait devant la sainte image la lumière prescrite par la liturgie, fut retrouvée intacte dans les décombres. Ce fait fut l'objet d'une joie pieuse. Il fit tant d'impression sur le vainqueur lui-même, qu'il s'excusa d'avoir détruit, bien malgré lui, cette chapelle, et donna deux canons pour aider à la reconstruire.

Le fait est qu'ici comme plus tard en 1710, les dégâts causés à la collégiale par l'assiégeant furent involontaires. Ils étaient causés par la proximité de l'ouvrage appelé *Mont des chanoines*, lequel était l'objet de l'attaque et laissait passer beaucoup de projectiles qui lui étaient destinés, l'Eglise étant immédiatement derrière.

On avait transporté la statue de Notre-Dame-Panetière dans le Couvent des Capucins, où se trouvaient refugiées bien des reliques d'Aire et des environs.

Voici textuellement ce qu'on lit dans le Manuscrit cité plus haut des sièges de 1641.

« Le ... soir du 22 Juillet, sur les 10
« heures fut vu au ciel une croix quarrée et
« pattu semblable à la croix des chevaliers du
« St-Esprit, mais qui se changea en peu de
« temps en une croix de St-André, qui est la
« croix Bourguignone, présage qui pourroit
« bien donner aux François que la ville
« tomberoit en leurs mains, mais que dans peu
« de temps elle retourneroit à son premier
« maître et seigneur par la vaillantise des
« chefs, fidélité des bourgeois et persévérence
« des soldats, ce qui advint; car la ville fut ren-
« due à notre Roy catholique, le jour de l'Octave
« de St-André, le 7 Décembre 1641. »

Nous citons textuellement ce passage, parce qu'on a écrit plusieurs fois que l'on ne trouvait pas trace d'une apparition semblable dans les documents contemporains. Qu'on l'interprète comme on voudra, chose parfaitement libre, le fait est qu'il est tout au long dans le journal des sièges, et que nous venons de le reproduire avec la plus scrupuleuse fidélité.

Les Français ne gardèrent pas longtemps leur conquête. Dès le 5 du mois d'août, 9 jours après la reddition, les Espagnols étaient déjà autour d'Aire. Après quelques engagements extérieurs, un siège nouveau commença, et l'Espagne rentra bientôt dans la possession de la ville, pour la conserver jusqu'à un nouveau siège, celui de 1676.

CHAPITRE VI.

Reconstruction de la Chapelle. Processions. — Histoire de la Confrérie jusqu'au commencement du XVIII siècle.

Le 9 mars 1642, les Chanoines allèrent chercher en grande procession la Statue de Notre-Dame Panetière, afin de la replacer honorablement dans la Collégiale. Ensuite on s'occupa de la reconstruction de la Chapelle. Grâce aux canons offerts, au legs important que fit un Chanoine, aux ressources de la Confrérie et à divers autres dons, l'argent ne manqua pas pour cette œuvre de réparation, on peut même dire de progrès.

En effet elle fut closedésormais, (et elle l'est encore), d'une fort belle balustrade de marbre de prix, couronnée de l'antique et gracieuse statue de Notre-Dame-des-Neiges, en marbre blanc, et de deux urnes de même matière sur lesquelles on avait gravé cinq pains, entre les mots CONFRATERNITAS PANARIA et les monogrammes de Jésus-Christ et de la Sainte-Vierge. Au revers de la même urne on a mis les emblèmes de Bauduin Deslions, chanoine, Prévôt de la Collégiale. Sur l'autre urne on a mis, au revers des mêmes emblèmes :

DEO
OPT. MAX.
VIRGINI
MATRI
PANARIÆ
CONFRATERNITAS
D. C. Q.

Au haut de la chapelle on vit dès lors l'image du Canon destructeur et réparateur, avec cette devise :

VULNUS OPEM QUE TULIT.

Tout était terminé en 1646.

Alors, avant de replacer glorieusement la statue dans la chapelle, on voulut lui décerner les honneurs d'un grand triomphe.

Au milieu de la Nef de la Collégiale fut élevé un autel. Une pyramide le dominait, et sur cette pyramide on plaça, le 16 Mai, la statue vénérée. « Alors commença une neuvaine (1), pendant laquelle fut chantée chaque jour une grand'messe, suivie de l'offre que faisait d'un cierge, à Notre-Dame-Panetière, le corps ou la personne au nom de qui la messe avait été célébrée. Le soir avait lieu une courte prédication, puis la bénédiction du Saint-Sacrement.

La première messe fut chantée, au nom du Chapitre, par le Doyen ; les Jésuites se chargèrent de la seconde. Les autres furent dites pour les corps et les personnages suivants : le Gouverneur de la Ville ; les Officiers du Roi ; le Magistrat régnant (Mayeur et échevins); le vieux Banc (les jurés) ; la sodalité des Gens-Mariés ; la sodalité des Jeunes-Gens ; les paroissiens de Notre-Dame.

Le neuvième jour, dans l'après-midi, on fit une procession solennelle par le Marché ; la statue de Notre-Dame Panetière y paraissait, montée sur un char de triomphe dont elle ne descendit que pour aller prendre possession de sa nouvelle demeure

Là on la vit, majestueuse, s'élever sur ses anges dorés, au milieu des splendeurs de sa nouvelle demeure et des hommages qui lui furent adressés plus que jamais et de toute part.

---

(1) Récit de M. Rouyer dans sa Notice, pages 20 et 21.

En 1647, il y eut des prières et prédications en action de grâce de la préservation des maladies contagieuses. Elles furent plus grandes encore en 1672, et c'est alors que le Gouverneur, les Officiers du Roi et le Magistrat firent don d'une lampe d'argent d'un travail artistique, dans laquelle fut mise la petite lampe de verre dont on a parlé et qui avait été retirée intacte du milieu des décombres lors du premier siège de 1641. Une inscription avec chronographe était gravée sur le métal :

MarIæ VIrgInI panarIæ peste eXpVLsa senatVs popVLVs que arIensIs appenDerVnt.

De 1667 à 1669 il y eut encore plus de solennités. On éleva dans la nef un autel splendide, la statue y fut placée, des messes y furent chantées : les personnes notables eurent leur jour spécial, ainsi que chaque rue de la ville et les corporations. Les offrandes abondèrent : on veilla même dans la chapelle, de nuit, pendant une partie de l'hiver.

Le jour de l'Immaculée-Conception 1668, à la messe solennelle chantée par le Doyen du Chapitre, le Grand-Chantre prononça un vœu (1)

---

(1) Ce vœu portait que si la ville était délivrée de la peste, le Mayeur et les Echevins avec les Jurés du Conseil en corps, communieraient à la Messe annuelle en l'honneur de Notre-Dame Panetière qui serait chantée tous les ans, et ce pendant dix ans. La Procession générale aurait lieu seulement la première année et serait chacune des neuf autres remplacée par le *Te Deum*.

au nom du Chapitre et du Magistrat ; des cierges furent remis en signe de ce vœu, et la grande procession du 24 juin 1669, par toute la ville, avec la statue, fut à la fois un accomplissement de ce vœu et un témoignage de la préservation du fléau si justement redouté.

En 1676 la ville d'Aire fut assiégée de nouveau. Le siège, cette fois, ne fut pas long. Le fort St-François ayant été enlevé sans coup férir, pour ainsi dire, les travaux proprement dits furent commencés le 26 Juillet. Le 31, la capitulation était signée : en 5 jours tout était fini. La défense avait été molle ; elle était loin de ressembler à celle de 1641. Sans doute le changement d'administration de l'Espagne n'était pas étranger à cet état des esprits : on était loin alors des bienfaits que Charles-Quint et ses successeurs avaient répandus sur la contrée, et les lourdes charges qui incombaient en ce moment au pays, n'étaient pas faites pour entretenir envers la couronne d'Espagne l'affection si vive qu'il lui avait portée jusque-là (1).

Aire appartint donc à la France, de 1676 à

---

(1) Le siège de 1676 a fait le sujet d'une lettre assez ironique de Madame de Sévigné. M. le Baron Dard a donné cette lettre dans son histoire d'Aire, Dictionnaire historique du Pas-de-Calais, arrondissement de St-Omer, tome I.

1710.

En conformité au vœu de Louis XIII, on fit chaque année une procession le jour de l'Assomption, mais la statue de Notre-Dame Panetière n'y était pas portée.

CHAPITRE VII.
Histoire de Notre-Dame Panetière pendant le XVIIIe siècle.

En 1718 on porta la statue à la procession du jour de l'Octave de l'Assomption, jour choisi par le corps de la ville pour renouveler annuellement ses vœux à la Ste-Vierge. La statue sortit encore en 1738, le jour de l'Assomption, à la procession séculaire que Louis XV avait ordonné de rendre plus solennelle. Les chanoines étaient en chapes : on portait aussi les reliques de St-Jacques et de St-Adrien.

Avant ces deux dates avait eu lieu un nouveau siège, celui de 1710.

Ce siège fut pénible pour la ville, mais surtout pour la collégiale, dont les voûtes s'écroulèrent et la tour s'effondra peu de temps après.

Les alliés prirent la ville d'Aire, qui retourna à la France en 1713 par le traité d'Utrecht.

C'est pendant qu'on sonnait les cloches pour célébrer ce retour d'Aire à la domination française que la tour s'écroula. Louis XV, sur les instances du cardinal de Fleury, donna en 1729 au Chapitre un secours qui lui permit de reconstruire les voûtes, et c'est pour en témoigner sa reconnaissance que le Chapitre fit mettre dans le chœur l'écusson du Roi et les armoiries du Cardinal. On ne travailla à la Tour que plus tard.

En 1740, après un hiver des plus rigoureux, la famine se fit sentir. L'Evêque de Saint-Omer ordonna des prières publiques, et Aire se souvint de sa patronne.

Le 29 Mai la statue fut placée, comme aux jours extraordinaires, sur un autel élevé au milieu de la Nef. Une succession de Messes solennelles y fut célébrée, avec assistance du corps du Bailliage, du Magistrat, et des corporations et autres personnes, selon l'habitude prise depuis des siècles. Jamais on ne vit affluence pareille à celle qui se trouva à la Procession générale qui eut lieu le 6 Juin.

« Vers trois heures de l'après-midi (1) commencèrent à se mouvoir dans une double ligne formée des troupes de la garnison sous

(1) Cette description est empruntée à M. J. Rouyer, pages 29, 30 et 31 de sa Notice.

les armes, les confréries, corps et métiers, les sodalistes et écoliers des Jésuites, les Capucins, le Chapitre assisté du clergé de la paroisse Notre-Dame, et les corps du Bailliage et du Magistrat, suivis du reste de la ville et d'une grande quantité des habitants de la banlieue et des villages voisins.

« Six chanoines portaient la célèbre châsse de Saint-Jacques ; et les membres de la confrérie de Saint-Adrien, habillés de blanc, le riche reliquaire de ce saint, copié sur celui de Saint Maurice, de Lille.

« Vingt-six portefaix (1), habillés à la romaine, et couronnés de lauriers qu'avaient tressés les religieuses Pénitentes, soutenaient alternativement l'Image de Notre-Dame-Panetière, somptueusement parée de dentelles et de pierres fines, et d'un manteau d'azur brodé de lis d'or ; elle était précédée de sa bannière, et de plus de mille personnes portant flambeaux. Et toute cette masse était semée d'enfants habillés en saints, en saintes et en anges.

« On ignore qui fut chargé de porter le Saint-Sacrement. On sait seulement que l'abbé

---

(1) Ces portefaix avaient tous communié le jour même, à une messe qui s'était dite, à cette fin, au chœur de la Collégiale.

de Monchy, prévôt, n'ayant pu s'acquitter de cette fonction pour cause d'infirmité, suivait le dais avec le double rochet et la croix pectorale.

« La procession s'avança par les rues de Saint-Pierre, d'Arras, du Gouvernement, traversa la Place, entra dans l'Eglise de Notre-Dame, et continua son tour par la rue de Brabant et celle de Saint-Omer, où elle posa quelques instants dans l'Eglise des Jésuites. Il y avait d'ailleurs des reposoirs dans chaque rue. »

La statue resta exposée jusqu'au 15 Juin et fut l'objet des hommages de tous : Prieur et Religieux de St-André-les-Aire, Capucins, Jésuites, Confréries, Corps et Métiers.

N'oublions pas de dire ici que les grandes distributions de Pains se faisaient habituellement auprès d'une croix située au bas de la rue de St-Omer, dans un angle formé par cette rue et la rue du Bourg. On a toujours appelé ce lieu *la croix aux pains*. Pourquoi donc la croix qui se trouvait au haut de la fontaine en pyramide a-t-elle disparu ? Elle y était encore il y a peu d'années.

A la Révolution, la statue fut vendue à l'encan avec une partie du mobilier, et achetée, comme bois à brûler, contre un assignat de dix livres, par un garçon boulanger (M. Cadart-Salon), qui la transporta chez son patron (M. Magniez), qui demeurait justement à *la croix-aux-pains*. C'est là qu'elle fut murée et conservée, et souvent nous avons vu l'endroit de cette cachette, comme nous avons mainte fois entendu ce récit de la bouche de M. Cadart, devenu quincaillier dans la rue des Hallettes.

CHAPITRE VIII.
La statue de Notre-Dame Panetière dans le siècle actuel.

Le 8 Septembre 1802, jour de la Nativité de Notre-Dame, la sainte image, déjà vénérée presque publiquement depuis un certain temps dans cette maison qui touche à la *Croix-aux-Pains*, théâtre principal des charités de la pieuse Confrérie, quitta cette maison hospitalière pour rentrer processionnellement dans l'ancienne collégiale, au milieu d'une foule joyeuse et recueillie. Elle fut exposée pendant quelques jours à la vénération des fidèles, puis placée dans la chapelle absidale, derrière le maître-autel. C'est là qu'on l'a vénérée depuis cette époque, avec une dévotion qui a toujours été populaire. C'est là que chaque année on a chanté la messe pendant toute l'octave de l'Assomption pour les Rues de la Ville l'une après l'autre, tout comme autrefois.

C'est de là aussi qu'elle est descendue solennellement en 1849, pendant la cruelle épidémie du choléra. Après avoir reçu pendant plusieurs jours les hommages de tous, comme autrefois, au milieu de la nef, elle s'avança, toujours comme aux siècles anciens, processionnellement dans les rues de la ville, avec une solennité qui ne fut pas moindre qu'elle ne l'avait jamais été. Elle alla ensuite se placer de nouveau dans la Nef, où se termina la neuvaine d'hommages.

« Quoique les temps soient bien changés, dit le plus récent historien de la ville (1), Notre-Dame conserve son ancienne renommée. En 1849, le choléra ayant cruellement frappé la population d'Aire, les habitants recoururent à sa protection. Des prières spéciales lui furent adressées et, après une procession solennelle, pendant laquelle l'antique statue parcourut tous les quartiers de la ville, le fléau devint moins meurtrier et disparut. De nos jours, une neu-

---

(1) M. le Baron Dard, notice sur Aire dans le Dictionnaire historique du Pas-de-Calais, arrondissement de Saint-Omer, tome 1.

vaine annuelle convoque, à Saint-Pierre, les pèlerins de la ville et des environs et ravive les traditions de l'antique Confrérie. »

Le récit de cette grande fête d'expiation a été fait par M. l'abbé Topping, l'année même de l'évènement : nous ne pouvons qu'y renvoyer le lecteur. Les détails y sont circonstanciés et complets ; ils renferment plus de 60 pages.

Une lettre du bon Cardinal de la Tour d'Auvergne au vénérable Doyen d'Aire montre bien l'impression produite alors par cette expansion de foi et de piété :

« Je me réjouis dans le Seigneur de la mani-
« festation qui a eu lieu à Aire. Elle est glo-
« rieuse pour l'Eglise et honorable pour les
« habitants dont la piété sincère ne cesse de se
« manifester, de manière à vous combler de
« bonheur. Oui, je félicite la ville de tout mon
« cœur, et je me recommande à ses bonnes
« prières. »

L'année actuelle 1886 nous annonce un nouveau triomphe pour Notre-Dame-Panetière, plus éclatant, assure-t-on, que tous les précédents : un Pélerinage Régional où doivent se trouver beaucoup d'Evèques. Nous ne pouvons que signaler cet acte solennel, puisque ce n'est pas encore un fait acquis à l'histoire.

Il doit s'accomplir le lundi de la Pentecôte 14 Juin de la présente année 1886.

CHAPITRE IX.

L'Eglise de Saint-Pierre. — Ses vicissitudes. — Sa décoration.

Le visiteur qui ne voit d'un coup-d'œil que l'ensemble de l'Eglise de Saint-Pierre est frappé de cette grande et régulière construction, aux belles et harmonieuses lignes, à l'aspect d'une Cathédrale des beaux siècles, aux dimensions considérables : 103 mètres de longueur sur 40 de large, 23 mètres d'élévation pour la Nef et 62 pour la tour.

S'il entre dans les détails, il y découvre bien vite un assemblage bizarre, quoique régulier, de tous les styles : XIVe siècle, XVIe, XVIIIe, si on peut appeler style de simples fenêtres de maisons.

D'où vient ce double effet, ce contraste ?

On a pressenti la réponse en songeant aux vicissitudes déjà signalées dans l'histoire de la collégiale : et pourtant elles n'ont pas été toutes signalées. Nous avons raconté les faits des quatre sièges qui avaient du rapport avec le sujet de cette histoire ; mais Aire a eu plus de quatre sièges, avant ceux-là il y en avait déjà eu trois autres : la ville d'Aire a été une des villes les plus assiégées qui se soient jamais vues.

En 1482, elle avait été assiégée par Louis XI, ou plutôt achetée à Jean de Berghes, sire d'Olhain, qui la commandait ! Tout étant convenu d'avance, le siège fut simulé, c'est vrai, mais la canonnade entre la tour de St-Pierre et les assiégeants ne fut pas moins réelle.

Les Flamands, sous la conduite d'Oudard de Renty, avaient opéré leurs ravages en 1347 ; le comte Ferrand l'avait assiégée, (sans la prendre), en 1214 avec les troupes de l'Empereur Othon ; elle avait été prise en 1198 par Baudoin comte de Flandre, qui refusait de reconnaître les droits de Philippe-Auguste sur l'Artois.

L'Eglise était donc pour ainsi dire, régulièrement démolie, une fois jusqu'au 1er étage, une autre fois jusqu'au second, une autre fois un peu plus haut. On réparait, on reconstruisait, et comme la base restait, le plan était le même toujours : *la mode* était différente chaque fois : de là une sorte de salmigondis fort original assurément, bien que gracieux à sa manière dans l'ensemble. C'est avant la décoration qu'il aurait fallu voir ce curieux intérieur !

Accoutumé dès l'enfance à ce curieux spectacle, nous avons pu, de bonne heure, étudier pratiquement tous les styles, en même temps que nous les retracions graphiquement à l'école communale de dessin. Plus tard, avec M. de Caumont, nous eûmes des données plus complètes, et c'est alors surtout que nous souffrions en voyant ces incohérences, et nous aurions bien voulu rétablir selon le style du bas, la belle Eglise du XIVe siècle. Cela était impossible. Ce qui était possible, nous l'avons fait, à la demande de Mgr Scott.

Que pouvait-on faire en effet ?

Dissimuler le plus possible les contrastes choquants; unifier le plus possible toutes les parties en accusant fortement les grandes lignes; rendre à la voûte, en apparence, sa hauteur réelle ; produire un ensemble, supportable comme architecture et beau comme décoration. Telle a été notre pensée : les artistes chargés de l'exécuter l'ont comprise : le résultat a semblé bon.

Aujourd'hui, l'ossature de l'édifice est fortement marquée. Du sol jusqu'aux voûtes les piliers s'élancent avec unité et majesté. Les quatre groupes de piliers du transept attirent surtout l'attention, la dominent, l'empêchent de trop s'arrêter aux détails. Les détails eux-mêmes, surtout en haut, traités avec des couleurs légères, font fuir les voûtes, qui semblent aujourd'hui bien plus hautes qu'elles ne le paraissaient il y a trente ans.

Les nombreuses peintures murales qui ornent partout cet intérieur, aujourd'hui splendide, attirent l'œil et occupent l'intelligence et le cœur. Tout a été expliqué en détail dans un travail spécial, qu'il serait hors de propos de reproduire ici, et auquel nous sommes forcé de renvoyer le lecteur (1). Il y a d'ailleurs dans l'Eglise d'Aire des fresques anciennes. Elles sont surtout dans la chapelle du Sacré-Cœur, anciennement St-Jacques. Elles ont aussi été l'objet d'un travail spécial (2).

---

(1) - Description de l'Eglise St-Pierre à Aire, par M. le chanoine Van Drival. Arras, 1865, in. 8° d'environ 60 pages.

(2) Histoire du Chef de St-Jacques. In. 8° par le même auteur, avec planches.

TABLE

	pag.
Dédicace	5

CHAPITRE PREMIER

Origine de la Ville d'Aire et de l'Eglise où se trouve la statue de Notre-Dame Panetière … 7

CHAPITRE DEUXIÈME

La collégiale. — Fondation. — Développements successifs. — Histoire sommaire … 9

CHAPITRE TROISIÈME

Chapelle de Notre-Dame Panetière. — Premiers temps de la Confrérie … 12

CHAPITRE QUATRIÈME

La nouvelle statue de Notre-Dame Panetière. Travaux de la Chapelle. — Grande prospérité de la Confrérie … 15

CHAPITRE CINQUIÈME

Les sièges de 1641. — Grandes supplications. Evénements nombreux 18

CHAPITRE SIXIÈME

Reconstruction de la Chapelle. — Processions. Histoire de la Confrérie jusqu'au commencement du XVIII° siècle 22

CHAPITRE SEPTIÈME

Histoire de Notre-Dame Panetière pendant le XVIII° siècle 27

CHAPITRE HUITIÈME

La statue de Notre-Dame Panetière dans le siècle actuel 31

CHAPITRE NEUVIÈME

L'Eglise de St-Pierre. — Ses vicissitudes — Sa décoration 34

AIRE — Imprimerie et Librairie de Guillemin.

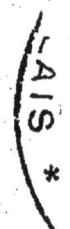

www.ingramcontent.com/pod-product-compliance
Lightning Source LLC
Chambersburg PA
CBHW060955050426
42453CB00009B/1181